읽기만 해도 **실력 쑥쑥** 재미 두 배 **코믹 만화**

알찬 관용어

등장인물

우리(주인공)
요리를 좋아하고, 맛집 유튜브 채널 운영.
순하고 무엇이든 성실히 열심히 한다.
성격이 좋아서 주변 사람들과 잘 어울려
지내는 인싸다.

만세
주인공의 남동생으로 주인공보다
키가 커서 형님 같다.
축구 클럽에서 활동, 축구 영재로 불린다.
형제끼리 사이가 좋은 편이다.

윤아
뒷모습은 남자 같고, 앞모습도
약간은 우락부락하다.
외모 콤플렉스가 있다.

지호
운동 잘하고, 키도 크고 인기가 있다.
공부보다는 운동이 좋다.
우리와 유치원부터 친구 사이이다.

은하
수학 영재지만,
잘난 체하지 않고
순한 편이다.

읽기만 해도 **실력 쑥쑥** 재미 두 배 **코믹 만화**

알찬 관용어

글 이현정 그림 토리아트

은하수 미디어
EUNHASOOMEDIA

차례

1 가닥을 잡다 8
2 가려운 곳을 긁어 주다 10
3 가슴에 손을 얹다 12
4 가슴이 넓다 14
5 가슴이 뜨끔하다 16
6 가시가 돋다 18
7 가자미눈을 뜨다 20
8 간담이 서늘하다 22
9 간을 녹이다 24
10 감투를 쓰다 26
11 고개를 숙이다 28
12 골탕을 먹이다 30
13 국수를 먹다 32
14 군침을 삼키다 34
15 귀를 의심하다 36
16 귀를 쫑긋 세우다 38
17 귀빠진 날이다 40
18 김빠지는 소리를 하다 42
19 깡통을 차다 44
20 꼬리에 꼬리를 물다 46
21 꿀밤을 먹다 48
22 꿈에 도전하다 50
23 날개가 돋치다 52
24 눈꼴사납다 54
25 눈높이에 맞추다 56
26 눈독을 들이다 58
27 눈시울이 시큰하다 60
28 눈에 넣어도 아프지 않다 62
29 눈에 밟히다 64
30 눈을 의심하다 66
31 눈총을 쏘다 68
32 눈 하나 깜짝 안 하다 70
33 능청을 떨다 72

34 다리를 놓다 76
35 더위가 들다 78
36 독 안에 든 쥐 80
37 된서리를 맞다 82
38 뒤꽁무니를 빼다 84
39 떡국을 먹다 86
40 뜨거운 맛을 보다 88
41 마음을 먹다 90
42 마음이 풀리다 92
43 말머리를 돌리다 94
44 말을 잃다 96
45 말짱 도루묵 98
46 맞장구를 치다 100
47 머리를 굴리다 102
48 머리칼이 곤두서다 104
49 목구멍까지 차오르다 106
50 몸살이 나다 108
51 무릎을 치다 110
52 물불을 가리지 않다 112
53 미역국을 먹다 114
54 밑도 끝도 없이 116

55 바가지를 쓰다 120
56 발 디딜 틈이 없다 122
57 발이 넓다 124
58 밥알을 세다 126
59 배꼽을 잡다 128
60 뱃가죽이 등에 붙다 130
61 본전도 못 찾다 132
62 봄을 타다 134
63 비가 오나 눈이 오나 136
64 빙산의 일각 138
65 살얼음 밟듯 140
66 색안경을 끼고 보다 142
67 세상을 떠나다 144
68 속을 썩이다 146
69 손가락 안에 꼽히다 148
70 손꼽아 기다리다 150
71 손발이 닳도록 빌다 152
72 손발이 맞다 154
73 손사래 치다 156
74 손에 땀을 쥐다 158
75 숨 돌릴 사이도 없다 160
76 숨을 거두다 162
77 숨이 가쁘다 164
78 숨이 막히다 166
79 시치미를 떼다 168

80 애가 마르다 172
81 약이 오르다 174
82 어깨를 견주다 176
83 어깨를 으쓱거리다 178
84 어안이 벙벙하다 180
85 얼굴이 두껍다 182
86 엿장수 마음대로 184
87 입맛을 다시다 186
88 입술을 깨물다 188
89 입이 떨어지지 않다 190
90 자취를 감추다 192
91 주먹을 불끈 쥐다 194
92 코를 납작하게 만들다 196
93 코웃음을 치다 198
94 콧등이 찡하다 200
95 큰일을 치르다 202
96 풀이 죽다 204
97 한술 더 뜨다 206
98 한숨 돌리다 208
99 허리띠를 졸라매다 210
100 혀끝을 차다 212

ㄱ　ㄴ

1　가닥을 잡다　8
2　가려운 곳을 긁어 주다　10
3　가슴에 손을 얹다　12
4　가슴이 넓다　14
5　가슴이 뜨끔하다　16
6　가시가 돋다　18
7　가자미눈을 뜨다　20
8　간담이 서늘하다　22
9　간을 녹이다　24
10　감투를 쓰다　26
11　고개를 숙이다　28
12　골탕을 먹이다　30
13　국수를 먹다　32
14　군침을 삼키다　34
15　귀를 의심하다　36
16　귀를 쫑긋 세우다　38
17　귀빠진 날이다　40
18　김빠지는 소리를 하다　42
19　깡통을 차다　44
20　꼬리에 꼬리를 물다　46
21　꿀밤을 먹다　48
22　꿈에 도전하다　50
23　날개가 돋치다　52
24　눈꼴사납다　54
25　눈높이에 맞추다　56
26　눈독을 들이다　58
27　눈시울이 시큰하다　60
28　눈에 넣어도 아프지 않다　62
29　눈에 밟히다　64
30　눈을 의심하다　66
31　눈총을 쏘다　68
32　눈 하나 깜짝 안 하다　70
33　능청을 떨다　72

1 가닥을 잡다

'가닥'은 한군데서 갈려 나온 줄을 말해요. 그래서 '가닥을 잡다'라고 하면 '원래의 줄을 잡다'라는 뜻으로, 분위기, 생각 따위를 논리나 이치에 따라 바로잡는다는 의미로 쓰여요. 비슷한 우리말로 '실마리를 잡다'라는 표현이 있어요.

2 가려운 곳을 긁어 주다

손에 닿지 않는 가려운 곳을 박박 긁어 주면 얼마나 시원할까요? 그래서 '가려운 곳을 긁어 주다'라는 말은 남에게 꼭 필요한 것을 잘 알아서 그 마음을 시원스럽게 만족시켜 주는 것을 뜻해요.

3 가슴에 손을 얹다

'가슴'은 배와 목 사이에 있으면서 '마음이나 생각'을 가리키기도 해요. 그래서 '가슴에 손을 얹다'라고 하면 '나의 행동이 옳은지 그른지 마음 즉, 양심에 비추어 생각해 보라'는 말로 쓰이지요.

4 가슴이 넓다

'가슴이 넓다'라고 할 때 '가슴'은 눈에 보이는 가슴을 말하는 게 아니라 '마음'을 뜻해요. 그래서 '마음이 넓다', '이해심이 많다'라는 뜻으로 사용돼요. 반대의 뜻인 이해심이 부족하다는 말은 '가슴이 좁다'라고 한답니다.

5 가슴이 뜨끔하다

'가슴이 뜨끔하다'의 가슴은 '마음'을 말해요. 그래서 '가슴이 뜨끔하다'는 자극을 받아 깜짝 놀라거나 옳지 않은 일을 하여 마음이 불편하다는 뜻으로 쓰여요. 비슷한 뜻으로 '가슴이 찔리다'라는 말이 있답니다.

6 가시가 돋다

뾰족한 가시에 찔리면 무척 아프지요. 우리가 쓰는 말 중에 '가시가 돋다'라는 말이 있는데, '상대방을 공격하려는 마음이 있거나, 마음에 들지 않아 못마땅하다'라는 뜻으로 사용한답니다.

7 가자미눈을 뜨다

'가자미'는 납작하게 생긴 물고기예요. 그런데 가자미눈은 한쪽으로 쏠려 있어서 마치 옆으로 흘겨보는 것 같아요. 그래서 '가자미눈을 뜨다'라고 하면 화가 나서 옆으로 흘겨보는 것을 말해요.

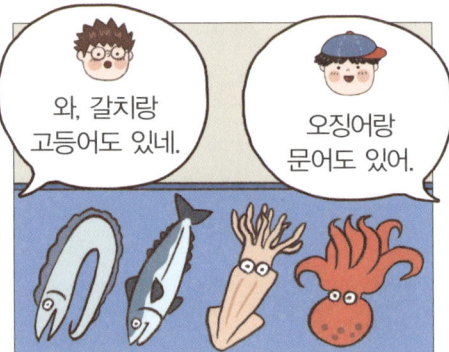

8 간담이 서늘하다

'간담'은 간과 쓸개를 이르는 말로, 속마음을 가리켜요. 그래서 '간담이 서늘하다'라고 하면 몹시 놀라서 소름이 끼치도록 무섭다는 뜻으로, '마음 깊이 놀랐다'라는 의미로 사용돼요. 비슷한 뜻으로 '간담이 내려앉다', '간이 오그라들다'라는 말이 있어요.

9 간을 녹이다

'간을 녹이다'라는 말은 두 가지 뜻으로 쓰여요. 하나는 '듣기 좋은 말이나 아양 따위로 상대방의 마음을 사다'라는 뜻이고, 다른 하나는 '몹시 애타게 하다'라는 뜻이에요. 비슷한 뜻으로는 '애간장을 녹이다'라는 말이 있어요.

10 감투를 쓰다

'감투'는 예전에 남자가 머리에 쓰던 것 중 하나로 나랏일을 맡아 보는 자리인 벼슬을 이르는 말이기도 하지요. 그래서 '감투를 쓰다'라고 하면 벼슬자리나 높은 자리에 오르는 것을 말해요. 벼슬자리를 그만둘 때는 '감투를 벗다'라고 해요.

11 고개를 숙이다

'고개'는 목의 뒷부분을 말해요. 그래서 '고개를 숙이다'라고 하면 다른 사람에게 잘 보이려 하거나 졌다는 뜻으로 머리를 숙이는 것을 말해요. 겸손한 자세로 양보할 때도 '고개를 숙이다'라고 하지요.

12 골탕을 먹이다

'골탕을 먹이다'에서 '골탕'은 한꺼번에 크게 당하는 손해나 어려움을 말해요. 그래서 '골탕을 먹이다'라고 하면 '한꺼번에 큰 손해를 입히거나 어려움을 당하게 만들다'라는 뜻이 된답니다.

13 국수를 먹다

'국수'는 밀가루나 메밀가루로 가늘고 길게 면을 뽑아 만든 음식이에요. 예전에는 국수를 결혼식에서 자주 먹었기 때문에 '국수를 먹다'라고 하면 '결혼식에 초대를 받거나 결혼식을 올리다'라는 뜻으로 쓰이지요.

14 군침을 삼키다

맛있는 음식을 보고 입 안에 침이 고인 적 있나요? 이렇게 입 안에 도는 침을 '군침'이라고 해요. 그래서 '군침을 삼키다'라고 하면 음식 따위를 먹고 싶어서 입맛을 다시는 것을 말해요. 돈이나 재물을 몹시 탐낼 때도 쓰는 말이지요.

15 귀를 의심하다

믿을 수 없는 이야기를 들었을 때 우리는 '귀를 의심하다'라는 말을 해요. 귀가 이상해져서 잘못 들은 것처럼 생각되기 때문이에요. 사람들은 놀라운 이야기를 듣거나, 믿기 어려운 이야기를 들으면 '귀를 의심하다'라고 한답니다.

16 귀를 쫑긋 세우다

토끼는 작은 소리나 멀리 떨어진 곳의 소리를 들으려 할 때 어떻게 할까요? 귀를 쫑긋 세우지요? 이러한 토끼의 모습을 떠올리면 '귀를 쫑긋 세우다'라는 말이 어떤 뜻인지 알 수 있어요. '집중해서 귀담아듣는다'라는 뜻이랍니다.

꺅, 정말 귀엽다.

나라야, 토끼가 그렇게 좋으니?

네, 토끼가 좋아요. 귀엽고 또 귀여워요.

뭐가 그렇게 귀여운데?

폭신폭신한 털도 귀엽고, 동그란 꼬리도 귀엽고, 쫑긋한 귀도 귀여워요.

오물오물 입도 귀여워요.

풀 먹는 거 보세요. 아주 귀엽죠?

17 귀빠진 날이다

엄마 배 속에 있던 아기가 세상 밖으로 나올 때는 대개 머리부터 나와요. 제일 먼저 이마가 나오고 이어서 귀가 나온 뒤 아기 몸이 쑥 나오지요. 그래서 '귀빠진 날이다'라는 표현은 '태어난 날이다', '생일이다'라는 뜻을 갖게 되었답니다.

18 김빠지는 소리를 하다

콜라 뚜껑을 열면 '치익!' 소리를 내며 김이 빠져요. 그리고 뚜껑을 오래 열어 두면 김이 다 빠져서 맛이나 향이 없어지지요. 그래서 '김빠지는 소리를 하다'는 '기운 빠지는 말을 하다', '하고픈 마음이 없어지게 하는 말을 하다'라는 뜻으로 쓰인답니다.

19 깡통을 차다

철로 만든 둥글고 길쭉한 통을 '깡통'이라고 해요. 그런데 예전에 거지들은 깡통을 들고 다니며 돈이나 먹을 것을 구걸했대요. 그래서 '깡통을 차다'라고 하면 '빌어먹는 거지 신세가 되다'라는 뜻으로 쓰여요.

20 꼬리에 꼬리를 물다

여러 동물이 눈앞에 있다고 생각해 봐요. 만약 사자의 꼬리를 말이 물고, 말의 꼬리를 기린이 물고, 기린의 꼬리를 호랑이가 물면 어떻게 될까요? 계속 길게 이어지겠죠? 이렇게 무언가가 계속 이어지는 것을 '꼬리에 꼬리를 물다'라고 한답니다.

21 꿀밤을 먹다

'꿀밤'이라고 들어본 적 있나요? 꿀밤은 실제로 먹는 밤이 아니라, 주먹으로 가볍게 머리를 쥐어박는 것을 말해요. 그래서 '꿀밤을 먹다'라고 하면 머리를 가볍게 쥐어박히는 것을 말한답니다.

22 꿈에 도전하다

'꿈'에는 여러 뜻이 있어요. 잠잘 때 꾸는 것도 꿈이고, 이루고 싶은 희망도 꿈이라 하거든요. 그래서 '꿈에 도전하다'라고 하면, '이루고 싶은 희망에 도전하다'라는 뜻으로 쓰인답니다.

23 날개가 돋치다

만약 우리에게 날개가 있다면 어떨까요? 하늘을 훨훨 날며 빠르게 다닐 수 있을 거예요. 그래서 '날개가 돋치다'라고 하면 '물건 같은 것이 인기가 많아 빠르게 팔려 나가다'라는 의미로 쓰인답니다.

24 눈꼴사납다

'눈꼴사납다'라고 할 때 '눈꼴'은 눈의 생김새나 움직이는 모양을 낮잡아 이르는 말이에요. 그래서 '눈꼴사납다'라고 하면 '눈 모양이 사납다'라는 말에서 시작해 '눈에 거슬리다', '보기에 좋지 않아 불쾌하다'라는 뜻으로 쓰인답니다.

25 눈높이에 맞추다

'눈높이'는 바닥에서 눈까지의 높이를 말해요. 하지만 바라보거나 판단하는 수준을 가리키기도 하지요. 그래서 '눈높이에 맞추다'라고 하면, 다른 사람의 수준에 맞추는 것을 가리킨답니다.

26 눈독을 들이다

평소 가지고 싶었던 장난감을 보면 어떤가요? 눈을 반짝이며 쳐다보지 않나요? 이렇게 욕심을 내어 눈여겨보는 것을 '눈독'이라고 해요. 그래서 '눈독을 들이다'라고 하면 욕심을 내어 눈여겨보는 것을 가리킨답니다.

27 눈시울이 시큰하다

눈 근처의 속눈썹 난 곳을 '눈시울'이라고 해요. 눈물이 나려고 할 때 눈시울이 시리고 따끔해지지 않나요? '눈시울이 시큰하다'라고 하면 눈물이 날 것 같을 때를 말해요. 비슷한 표현으로 '콧날이 시큰하다'도 있어요.

28 눈에 넣어도 아프지 않다

'눈에 넣어도 아프지 않다'라는 말이 있어요. 말이 안 되는 것 같다고요? 그래요. 눈에 작은 티끌만 들어가도 엄청 아픈데, 눈에 넣어도 아프지 않다니 말이 안 되지요. 그만큼 매우 귀엽거나 사랑스러울 때 쓰는 말이랍니다.

29 눈에 밟히다

전학 간 친구나 멀리 떨어져 있는 가족처럼 잊히지 않고 자꾸 떠오르는 사람이 있나요? 그럴 때 우리는 '눈에 밟히다'라는 말을 사용해요. 비슷한 표현으로 '눈에 어리다'라는 말이 있어요.

30 눈을 의심하다

아주 놀랍거나 믿기 힘든 것을 보면 혹시 잘못 본 것은 아닌지 의심부터 하게 돼요. 이럴 때 쓰는 표현이 바로 '눈을 의심하다'예요. 눈을 의심할 정도로 황당하거나 이상한 것을 경험한 적이 있나요? 한번 떠올려 봐요.

31 눈총을 쏘다

혹시 눈총을 받아 본 적 있나요? 눈에 독기를 띠며 쏘아보는 것을 '눈총'이라고 해요. 그래서 '눈총을 쏘다'라고 하면 '몹시 쏘아보거나 노려보다'라는 뜻이에요. '눈총을 맞다'라고 하면 '남의 미움을 받다'라는 뜻이고요.

윤아야, 지호랑 무슨 일 있었어?

아니, 아무 일도 없었는데?

근데 지호가 왜 저렇게 노려보고 있어?

글쎄……

지호야, 너 혹시 화나는 일 있었어?

흥! 몰라.

무슨 일인지 얘기해 주면 안 돼?

맞아. 그렇게 **눈총을 쏘니** 등이 다 아파.

32 눈 하나 깜짝 안 하다

깜짝 놀라면 어떻게 하나요? 눈을 동그랗게 뜨거나 꼭 감아 버리지요. 그런데 눈을 조금도 움직이지 않았다면요? 아마 전혀 놀라지 않았다는 뜻일 거예요. 그래서 '눈 하나 깜짝 안 하다'라고 하면 '아무렇지도 않은 듯이 굴다'라는 뜻이랍니다.

33 능청을 떨다

'능청을 떨다'라는 말 들어본 적 있나요? 여기서 '능청'은 속으로는 엉큼한 마음을 숨기고 겉으로 아무 일 없는 듯 행동하는 것을 말해요. 그래서 '능청을 떨다'라고 하면, 속마음과 다르게 겉으로 별일 아닌 듯 행동하는 것을 말하지요.

ㄷ ㄹ

34 다리를 놓다 76
35 더위가 들다 78
36 독 안에 든 쥐 80
37 된서리를 맞다 82
38 뒤꽁무니를 빼다 84
39 떡국을 먹다 86
40 뜨거운 맛을 보다 88
41 마음을 먹다 90
42 마음이 풀리다 92
43 말머리를 돌리다 94
44 말을 잃다 96
45 말짱 도루묵 98
46 맞장구를 치다 100
47 머리를 굴리다 102
48 머리칼이 곤두서다 104
49 목구멍까지 차오르다 106
50 몸살이 나다 108
51 무릎을 치다 110
52 물불을 가리지 않다 112
53 미역국을 먹다 114
54 밑도 끝도 없이 116

34 다리를 놓다

'다리'는 물을 건너가기 위해 가로질러 놓은 것을 말해요. 둘 사이의 관계를 이어 주는 사람을 가리키기도 하고요. 그래서 '다리를 놓다'라고 하면, '일이 잘되도록 둘 또는 여럿을 이어 주다'라는 뜻으로 쓰인답니다.

우리 반에 새로운 친구가 전학 왔어요. 자, 친구들에게 자기소개를 해 주겠니?

안녕. 나는 예지라고 해. 만나서 반가워.

마침 은하 옆이 비었으니 저기 앉으렴.

네.

쉬는 시간

호호, 정말?

응.

은하는 벌써 예지랑 친해졌나 봐.

그러게. 둘이 단짝처럼 보인다.

35 더위가 들다

더운 여름이 오면 많이 힘들어요. 햇볕을 많이 쬐어 어지럽기도 하고, 더워서 땀을 많이 흘리거나, 속이 안 좋기도 해요. 이렇게 여름철 더위 때문에 몸이 아픈 것을 '더위가 들다' 또는 '더위를 먹다'라고 한답니다.

36 독 안에 든 쥐

'독'이란 각종 장류나 김치 따위를 담아 두는 배가 불룩한 모양의 항아리예요. 그런데 이 독 안에 쥐가 빠진다면 미끄러운 옆면 때문에 타고 올라오기 힘들 거예요. 이처럼 '독 안에 든 쥐'는 아무리 애를 써도 벗어나기 힘든 어려운 상황을 말한답니다.

너희들 거기서 뭐 해?

너, 사물함에 둔 내 과자 먹었지?

사물함에 둔 내 일기장도 훔쳐봤지?

내 맛집 지도도 찢어졌어. 네가 건드렸지?

어떻게 알았지?

아니야. 절대 아니야. 내가 했단 증거 있어?

우리 사물함에 네 물건이 들어 있었어. 내 사물함엔 네 필통.

내 사물함엔 네 풀.

윤아 사물함엔 네 가위가 들어 있었어.

37 된서리를 맞다

늦가을에 내리는 '된서리'는 농작물에 큰 피해를 줘요. 그래서 모진 재앙이나 손해를 가리켜 '된서리'라고도 하지요. '된서리를 맞다'라고 하면 모진 재앙을 맞거나 손해를 입게 되는 것을 가리킨답니다.

38 뒤꽁무니를 빼다

'뒤꽁무니'는 사물의 맨 뒤나 맨 끝을 가리키는 말이에요. 그래서 '뒤꽁무니를 빼다'라고 하면 달아나거나 도망치는 것을 가리키는 말이랍니다. '꽁무니'도 뒤꽁무니와 같은 말이라 '꽁무니를 빼다'도 같은 뜻으로 쓰여요.

39 떡국을 먹다

설날에는 떡을 넣어 끓인 떡국을 먹지요? 떡국은 평소에도 먹지만 설날에 꼭 먹어요. 우리 조상들이 설날에 떡국을 먹어야 한 살을 먹는다고 생각했기 때문이에요. '떡국을 먹다'라는 말은 '나이 한 살을 먹다'라는 뜻으로 쓰여요.

40 뜨거운 맛을 보다

손에 뜨거운 물이 닿으면 어떤가요? "앗! 뜨거워." 하면서 깜짝 놀라지요. 아프고 상처가 생겨 고생하기도 하고요. 그래서 '고통이나 어려움을 겪다'라는 말을 할 때 '뜨거운 맛을 보다'라고 한답니다.

41 마음을 먹다

'마음을 먹다'라는 말을 들어본 적 있나요? '무엇을 하겠다는 생각을 하다'라는 뜻이에요. '마음을 먹다'는 '마음먹다'라는 말로도 쓰여요. 반대의 뜻인 '무엇을 하고 싶지 않다'라는 뜻은 '마음에 없다'라고 한답니다.

42 마음이 풀리다

단단하게 묶인 매듭을 풀어본 적 있나요? 풀기가 쉽지 않지요? 우리의 마음도 이렇게 매듭이 생기기도 하고, 풀어지기도 해요. '마음이 풀리다'라고 하면 '마음속에 맺히거나 틀어졌던 것이 없어지다'라는 뜻으로 쓰여요.

43 말머리를 돌리다

'말머리'는 이야기를 할 때 말의 방향을 말해요. 그래서 '말머리를 돌리다'는 '이야기 주제를 바꾸다'라는 뜻으로 쓰여요. 조금 더 큰 뜻으로 쓰일 때는 '일의 방향을 바꾸다'라는 뜻이 돼요. 역사책에서는 '군사를 돌리다'라는 뜻으로 쓰이기도 해요.

44 말을 잃다

깜짝 놀라면 어떻게 하나요? '으악!' 하고 소리를 지르거나 "깜짝이야!"라고 말을 하지요. 하지만 너무 놀라면 이런 말이 나오지 않을 때도 있어요. 이렇게 너무 놀라거나 뜻밖이어서 말이 나오지 않는 경우에 '말을 잃다'라고 해요.

45 말짱 도루묵

옛날에 임금님이 '묵'이라는 생선을 먹고 맛있어서 '은어'라고 부르게 했어요. 그런데 얼마 뒤 다시 먹었더니 예전 맛이 나지 않았대요. 임금님은 도로 묵이라 부르게 했어요. '말짱 도루묵'은 '아무 소득이 없는 헛된 일이나 헛수고'를 뜻하는 말이에요.

자, 시작해 볼까?

엄마, 만세가 뭐 만들어요?
살이 쏙 빠지는 건강 주스를 만든대.

우아, 기대되는걸?
헤헤, 맡겨 보라고!

채소와 과일은 깨끗이 씻고!

적당한 크기로 잘라 줍니다.

자른 채소와 과일은 믹서에 넣고

46 맞장구를 치다

'맞장구'란 둘이 마주 서서 장구를 치는 거예요. 그런데 남의 말에 호응해 주는 것도 '맞장구'라고 해요. 그래서 '맞장구를 치다'는 '남의 말에 호응을 하거나 동의하다'라는 뜻으로 쓰여요.

47 머리를 굴리다

'머리'는 사람이나 동물의 목 위의 부분을 말해요. 그리고 생각하고 판단하는 능력도 말하지요. '머리를 굴리다'라고 하면 '머리를 써서 해결 방법을 생각해 내다'라는 뜻으로 사용한답니다.

48 머리칼이 곤두서다

갑자기 무서운 걸 보면 깜짝 놀라서 긴장이 되고 신경이 날카로워져요. 이런 것을 '머리칼이 곤두서다' 또는 '머리털이 곤두서다'라고 해요. '무섭거나 놀라서 신경이 날카롭게 긴장되는 것'을 말하는 거랍니다.

49 목구멍까지 차오르다

화가 날 때면 속이 부글부글 끓는 듯한 느낌이 들 수 있어요. 그리고 그 화가 참을 수 없이 올라와 목구멍까지 치밀어 오르는 느낌이 들기도 해요. 이렇게 화 같은 것이 참을 수 없이 되는 것을 가리켜 '목구멍까지 차오르다'라고 해요.

50 몸살이 나다

몸이 춥고, 팔다리가 쑤시며, 힘이 없어서 눕고만 싶은 적이 있나요? 이런 증상을 가리켜 '몸살'이라고 해요. 어떤 일을 하고 싶어서 못 견디게 안달이 날 때도 '몸살이 나다'라고 해요. 이 말은 '어떤 일을 병이 날 정도로 하고 싶다'라는 뜻이랍니다.

51 무릎을 치다

좋은 생각이 떠오르면 나도 모르게 '그렇지!'라고 감탄사가 나오곤 해요. '무릎을 치다'라는 말도 마찬가지예요. 몹시 놀랍거나 기쁜 일이 있을 때, 또는 좋은 생각이 떠올랐을 때, 감탄하며 무릎을 치고는 하거든요.

52 물불을 가리지 않다

아이가 물에 빠지면 부모는 아이를 구하기 위해 물에 뛰어들 거예요. 집에 불이 나도 마찬가지고요. 이렇게 '물불을 가리지 않다'라는 말은 어려움이나 위험을 무릅쓰고 행동하거나, 막무가내로 일을 밀고 나갈 때 쓰는 말이랍니다.

53 미역국을 먹다

미역국은 미역을 넣어 끓인 국이에요. 생일날 주로 먹지요. 하지만 '미역국을 먹다'라고 하면 생일과는 관련이 없는 뜻으로 쓰인답니다. 시험에 떨어지거나 그 자리에서 밀려났을 때 쓰는 말이거든요.

54 밑도 끝도 없이

대화하고 있는 내용과는 관계없는 엉뚱한 이야기를 갑자기 꺼낼 때 우리는 '밑도 끝도 없이' 이야기한다고 해요. 여기서 '밑도 끝도 없이'는 '앞뒤와 관계가 없는 말을 불쑥 꺼내어 갑작스럽거나 정신없게' 만드는 것을 의미해요.

55	바가지를 쓰다 120
56	발 디딜 틈이 없다 122
57	발이 넓다 124
58	밥알을 세다 126
59	배꼽을 잡다 128
60	뱃가죽이 등에 붙다 130
61	본전도 못 찾다 132
62	봄을 타다 134
63	비가 오나 눈이 오나 136
64	빙산의 일각 138
65	살얼음 밟듯 140
66	색안경을 끼고 보다 142
67	세상을 떠나다 144
68	속을 썩이다 146
69	손가락 안에 꼽히다 148
70	손꼽아 기다리다 150
71	손발이 닳도록 빌다 152
72	손발이 맞다 154
73	손사래 치다 156
74	손에 땀을 쥐다 158
75	숨 돌릴 사이도 없다 160
76	숨을 거두다 162
77	숨이 가쁘다 164
78	숨이 막히다 166
79	시치미를 떼다 168

55 바가지를 쓰다

물을 푸거나 물건을 담는 데 쓰는 그릇을 '바가지'라고 해요. 그리고 물건값이 실제 가격보다 훨씬 비싼 것도 바가지라고 하지요. '바가지를 쓰다'라고 하면 '물건값을 비싸게 내서 손해를 보다'라는 뜻이랍니다.

56 발 디딜 틈이 없다

출퇴근 시간 무렵 버스나 지하철을 타 본 적 있나요? 이 시간에는 사람이 너무 많아 가만히 서 있기조차 어려워요. 발을 제대로 디디기 어려울 만큼요. 이렇게 복작거리어 정신이 없는 것을 '발 디딜 틈이 없다'라고 한답니다.

57 발이 넓다

발은 사람이나 동물의 다리 맨 끝부분을 말해요. 사람들은 이 발로 돌아다니면서 여러 사람을 만나고 활동한답니다. 그래서 '발이 넓다'라고 하면 '아는 사람이 많다거나 활동하는 범위가 넓다'라는 의미로 쓰인답니다.

58 밥알을 세다

'밥알을 세다'라고 하면 어떤 느낌이 드나요? 작은 밥알을 하나하나 세느라 식사를 제대로 하지 못하는 모습을 떠올릴 거예요. 이렇게 '밥알을 세다'는 '입맛이 없어 밥을 잘 먹지 않고 깨지락거리며 밥을 먹다'라는 뜻을 가진답니다.

59 배꼽을 잡다

'배꼽을 잡다'라는 말을 들어본 적 있나요? '웃음을 참지 못하여 배를 움켜잡고 크게 웃다'라는 뜻으로 쓰이는 말이에요. '배꼽을 쥐다'나 '배꼽이 빠지다'도 비슷한 뜻으로 쓰이는 말이지요.

60 뱃가죽이 등에 붙다

밥을 못 먹어 배가 고프면 어떨까요? 배가 홀쭉해지겠죠? 그런데 홀쭉해지는 게 아주 심해져서 배가 등에 달라붙을 정도가 되면 '뱃가죽이 등에 붙다'라고 한답니다. 그만큼 '먹은 것이 없어서 배가 홀쭉하고 몹시 허기지다'라는 뜻이에요.

61 본전도 못 찾다

본전은 원래 가지고 있던 돈으로 장사나 사업을 할 때 처음 들어간 돈을 말해요. 그래서 '본전도 못 찾다'라고 하면 '일한 결과가 좋기는커녕 오히려 하지 않은 것만 못하다'라는 의미로 사용한답니다.

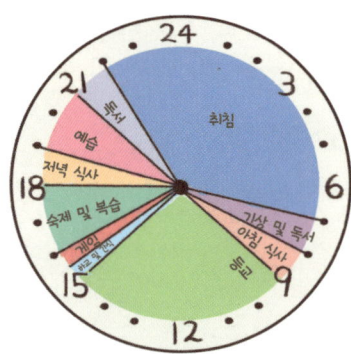

62 봄을 타다

봄이 되면 날이 따뜻해지고 해가 길어지면서 몸과 마음이 변하게 돼요. '봄을 타다'는 크게 두 가지 뜻으로 쓰여요. 하나는 '봄철에 입맛이 없어지거나 몸이 나른해지다'라는 뜻이고, 다른 하나는 '봄기운 때문에 기분이 들뜨다'랍니다.

63 비가 오나 눈이 오나

날씨는 항상 변해요. 맑은 날도 있지만, 비가 올 때도 있고, 눈이 올 때도 있어요. 때로는 비와 눈 때문에 귀찮거나 어려운 일이 생기기도 해요. '비가 오나 눈이 오나'라고 하면 '아무리 어려움이 있어도 언제나 한결같이'라는 뜻으로 쓰인답니다.

64 빙산의 일각

바다 위를 떠다니는 빙산은 마치 산처럼 거대해요. 그런데 바닷물에 잠겨 있는 부분은 보이는 것보다 훨씬 크다고 해요. '빙산의 일각'은 '어떤 일 대부분이 숨겨져 있고 겉으로 드러나는 것은 극히 일부분에 지나지 않음'을 이르는 말이랍니다.

65 살얼음 밟듯

살얼음은 얇게 살짝 언 얼음으로 아주 약해서 살짝 건드리기만 해도 깨져요. 그런데 이렇게 얇은 살얼음을 밟아야 한다면 어떨까요? '살얼음 밟듯'이라고 하면 '위태위태하여 마음이 몹시 불안하다'라는 의미랍니다.

66 색안경을 끼고 보다

색깔이 있는 렌즈로 만들어진 색안경을 계속 쓰면 어떨까요? 원래 색이 무엇인지 제대로 알 수 없을 거예요. 그래서 '색안경을 끼고 보다'라고 하면, '자신만의 생각에 얽매여 좋지 않게 보다'라는 뜻으로 쓴답니다.

67 세상을 떠나다

누군가 죽는 것은 참 슬픈 일이에요. 그래서 사람들은 '죽다'라는 표현을 돌려서 말하는 경우가 많아요. '세상을 떠나다'처럼 말이에요. 이 외에도 '잠들다', '사라지다'도 '죽다'라는 의미로 쓰여요.

68 속을 썩이다

'썩이다'라는 말은 '걱정이나 근심 따위로 마음이 몹시 괴로운 상태가 되게 만들다'라는 뜻이에요. 그래서 '속을 썩이다'라고 하면, '뜻대로 되지 아니하거나 좋지 못한 일로 몹시 괴로워하다'라는 뜻으로 쓰여요.

69 손가락 안에 꼽히다

어떤 무리에서 1등부터 5등 사이에 있으면 뛰어난 편에 속해요. 사람의 한 손에는 5개의 손가락이 달려 있어요. '손가락 안에 꼽히다'라고 하면, '어떤 무리 안에서 특별하다'라는 뜻이랍니다.

70 손꼽아 기다리다

손가락을 하나씩 구부리며 수를 헤아리는 것을 '손꼽다'라고 해요. 그래서 '손꼽아 기다리다'라고 하면 '기대에 차 있거나 안타까운 마음으로 날짜를 헤아리며 기다리다'라는 뜻이랍니다.

71 손발이 닳도록 빌다

큰 잘못을 저질렀을 때 어떻게 하나요? 손을 모아 비비며 용서를 구하지요. '손발이 닳도록 빌다'는 손과 발이 닳을 정도로 많이 빈다는 말이에요. 이 말은 '잘못이나 허물을 용서해 달라고 몹시 비는 것'을 뜻한답니다.

72 손발이 맞다

함께 일하는 사람과 마음이나 행동이 잘 맞거나 맞게 할 때 '손발이 맞다', '손발을 맞추다'라고 해요. 이와 반대로 일하는 사람과 마음이나 행동이 잘 맞지 않을 때는 '손발이 따로 논다'라고 하지요.

73 손사래 치다

손을 펴서 휘젓는 것을 '손사래'라고 해요. 아니라는 뜻을 표현할 때 주로 사용하지요. 그래서 '손사래 치다'라고 하면 거절하거나 아니라는 뜻을 표하기 위해 손을 펴서 허공을 휘젓는 것을 말한답니다.

74 손에 땀을 쥐다

무서운 장면이나 아슬아슬한 서커스를 보면 어떤가요? 나도 몰래 숨을 죽이고 손을 꼭 쥐게 되지 않나요? 꼭 쥔 손에서는 땀도 흐르고요. 이렇게 마음이 조마조마하고 몹시 긴장될 때 우리는 '손에 땀을 쥐다'라는 말을 쓴답니다.

75 숨 돌릴 사이도 없다

무척 바쁘고 정신없을 때 '숨 돌릴 사이도 없다'라고 해요. 가쁜 숨을 가라앉힐 여유도 없을 만큼 바쁘다는 뜻이지요. 반대로 가쁜 숨을 가라앉히거나, 잠시 휴식을 취하는 것을 '숨을 돌리다'라고 해요.

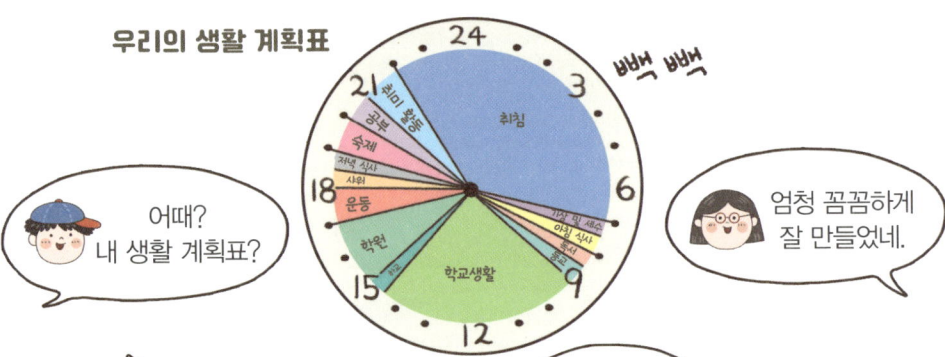

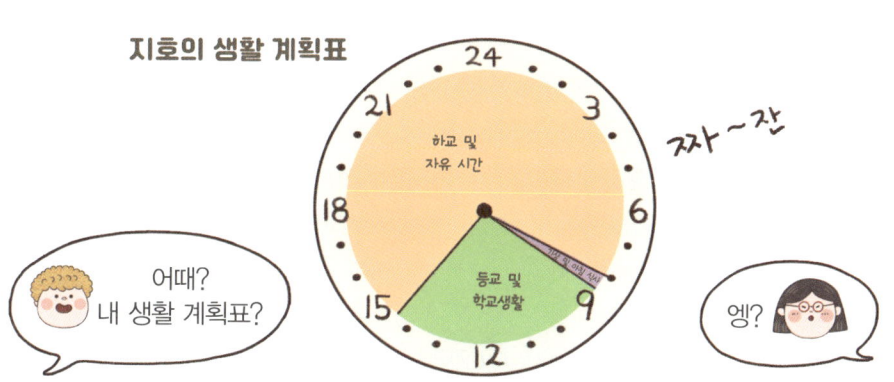

76 숨을 거두다

사람이나 동물이 코나 입으로 공기를 들이마시고 내쉴 때의 기운을 '숨'이라고 해요. 그래서 '숨을 거두다'라고 하면, 숨을 쉬지 않는 것을 뜻해요. 다시 말해 '죽다'라는 것과 같은 의미랍니다.

77 숨이 가쁘다

무거운 짐을 지고 먼 거리를 뛰어왔다면 어떨까요? 힘들고 숨이 차서 '헉헉' 하고 숨을 쉴 거예요. 이렇게 어떤 일이 몹시 힘들거나 또는 급한 상황을 가리켜 '숨이 가쁘다'라고 한답니다.

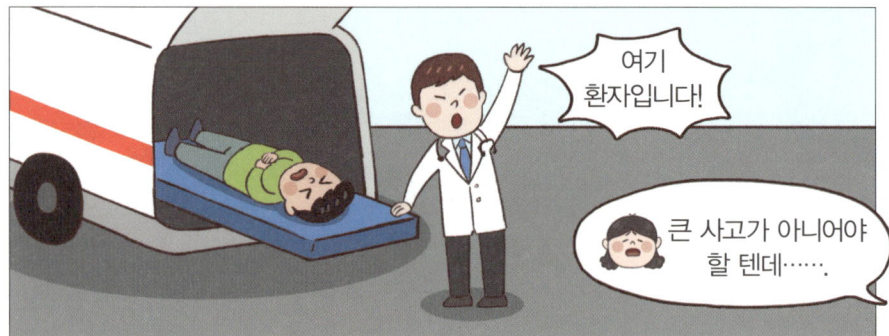

78 숨이 막히다

숨은 사람이나 동물이 들이마시고 내쉴 때의 기운이에요. 그런데 이 숨이 막히면 어떨까요? 무척 답답하고 힘들 거예요. 그래서 우리는 몹시 답답하거나, 어떤 상황이 너무 긴장될 때 '숨이 막히다' 또는 '숨 막히다'라고 한답니다.

79 시치미를 떼다

하늘을 나는 매의 주인을 표시하여 매의 꽁지 속에 매어 둔 네모난 뿔을 '시치미'라고 해요. '시치미를 떼다'라고 하면 매를 훔친 사람이 시치미를 떼어 내고 자기 매인 것처럼 행세한다는 뜻으로, '자기가 하고도 하지 않은 체한다'라는 뜻이에요.

80 애가 마르다 172
81 약이 오르다 174
82 어깨를 견주다 176
83 어깨를 으쓱거리다 178
84 어안이 벙벙하다 180
85 얼굴이 두껍다 182
86 엿장수 마음대로 184
87 입맛을 다시다 186
88 입술을 깨물다 188
89 입이 떨어지지 않다 190
90 자취를 감추다 192
91 주먹을 불끈 쥐다 194
92 코를 납작하게 만들다 196
93 코웃음을 치다 198
94 콧등이 찡하다 200
95 큰일을 치르다 202
96 풀이 죽다 204
97 한술 더 뜨다 206
98 한숨 돌리다 208
99 허리띠를 졸라매다 210
100 허끝을 차다 212

80 애가 마르다

초조한 마음속을 '애'라고 해요. 그래서 '애가 마르다'는 애가 말라 버릴 정도로 '몹시 안타깝고 초조하여 속이 상하다'라는 뜻이에요. '애가 타다'도 비슷한 뜻으로 사용돼요. 애가 말라 버리거나, 타 버릴 정도로 속이 상했다는 것을 뜻해요.

엄마, 오빠들 언제 와요?

그러게. 요 앞 편의점에 다녀온다고 했는데…….

아이스크림 사러 간 지 30분이 넘었는데, 왜 안 오지?

전화도 안 받고…….

힝~. 오빠들끼리만 먹나 봐요.

안 되겠다. 찾으러 가야겠어.

엄마, 같이 가요.

어? 저기 오빠들 와요.

81 약이 오르다

'약'은 아프거나 다쳤을 때 먹거나 바르거나 주사하는 것을 말해요. '기분이 몹시 상하거나 화가 났을 때 생기는 마음'이라는 뜻도 있어요. 그래서 '약이 오르다'라고 하면 '기분이 상해 은근히 화가 나다'라는 의미로 쓰인답니다.

82 어깨를 견주다

어깨는 우리 몸의 목 아래 끝에서 팔의 위 끝에 이르는 부분을 말해요. 그래서 '어깨를 견주다'라고 하면 '서로 비슷한 지위나 힘을 가지다'라는 뜻이에요. '어깨를 나란히 하다'도 비슷한 의미예요.

83 어깨를 으쓱거리다

기분 좋은 일이 생기면 나도 모르게 어깨가 슬그머니 올라가요. 이럴 때 '어깨가 으쓱거리다'라는 표현을 써요. '뽐내고 싶은 기분이나 떳떳하고 자랑스러운 기분이 되다'라는 뜻이거든요.

84 어안이 벙벙하다

'어안'은 어이없어 말을 못 하고 있는 혀 안을 가리켜요. '벙벙하다'는 '어리둥절하여 얼빠진 사람처럼 멍하다'라는 뜻이고요. 그래서 '어안이 벙벙하다'라고 하면 '놀랍거나 기막힌 일을 당하여 어리둥절하다'라는 뜻이랍니다.

85 얼굴이 두껍다

부끄러운 일을 하고도 얼굴색조차 변하지 않는 뻔뻔한 사람이 있어요. 그런 사람을 보고 '얼굴이 두껍다' 또는 '얼굴 가죽이 두껍다'라고 해요. '부끄러움을 모르고 염치가 없다'는 뜻이랍니다.

86 엿장수 마음대로

'엿장수 마음대로'라는 말이 있어요. 엿장수가 엿을 마음대로 늘이듯이 일을 자기 마음대로 이랬다저랬다 하는 모양을 가리키는 말이에요. 자기 뜻대로만 하려고 할 때 이 말을 쓴답니다.

87 입맛을 다시다

'입맛'은 음식을 먹을 때 입에서 느껴지는 맛을 말해요. 그런데 어떤 일이나 물건에 흥미를 느끼거나 가지고 싶어 하는 마음을 가리키기도 하지요. 그래서 '입맛을 다시다'라고 하면 '무엇인가를 갖고 싶어 하다'라는 뜻으로 쓴답니다.

월요일

너희들 주말에 뭐 했어?

난 도서관에 다녀왔어.

난 공원에서 자전거 탔어.

난 장난감 가게에 갔어.

장난감 가게? 참, 너 블록 좋아하지?

응. 무척 좋아하지.

새 블록 시리즈가 나왔는데, 정말 멋지더라.

반짝반짝

88 입술을 깨물다

사람들은 마음이 불안하거나 긴장할 때, 울음이 나오려고 할 때, 화가 많이 났을 때 자기도 모르게 입술을 깨물어요. '입술을 깨물다'라는 말은 '북받치는 감정을 힘껏 참다'라는 뜻으로 쓰여요. 그리고 '어떤 다짐을 굳게 하다'라는 뜻으로도 쓰이지요.

89 입이 떨어지지 않다

말을 하려면 먼저 입을 열어야겠지요? 입을 꼭 닫아 버리면 말을 할 수 없어요. 그래서 '입이 떨어지지 않다'라고 하면 '말이 쉽게 나오지 않는다'라는 뜻이에요. 특별한 상황이나 어려움 때문에 말을 하는 게 쉽지 않다는 의미랍니다.

90 자취를 감추다

'자취'는 어떤 것이 남긴 표시나 자리를 말해요. 그래서 '자취를 감추다'라고 하면 '남 모르게 어디로 가거나 숨다'라는 뜻이에요. 어떤 물건이나 현상이 사라지는 것도 '자취를 감추다'라고 해요.

91 주먹을 불끈 쥐다

'주먹을 불끈 쥐다'라고 하면 어떤 모습이 생각나나요? 주먹을 꼭 쥐고 무언가 결심한 듯 눈을 반짝이는 모습이 생각난다고요? 이렇게 '주먹을 불끈 쥐다'라는 말은 '무엇에 대해 결심한 것을 나타내다'라는 의미로 쓰인답니다.

92 코를 납작하게 만들다

코는 우리 얼굴 가운데에 우뚝하게 솟은 부분이에요. '코를 납작하게 만들다'라고 하면 실제로 코를 눌러서 납작하게 만든다는 뜻이 아니라 '기를 죽이다'라는 뜻으로 쓰여요.

93 코웃음을 치다

'코웃음'은 콧소리를 내거나 코끝으로 가볍게 웃는 웃음을 말해요. 코웃음은 남의 잘못을 비웃는 웃음이기도 해요. '코웃음을 치다'라고 하면, '남을 깔보고 비웃다'라는 뜻으로 쓰인답니다.

94 콧등이 찡하다

눈물이 날 것 같을 때면 콧등이 시큰해져요. 그래서 '콧등이 시큰하다'는 '어떤 일에 감격하거나 슬퍼서 눈물이 나오려 하다'라는 의미로 쓰여요. '콧등이 찡하다'도 마찬가지예요. '찡하다'는 감동을 받아 뻐근한 느낌이 든다는 뜻이거든요.

95 큰일을 치르다

'큰일'은 힘이 많이 드는 아주 중요한 일을 가리켜요. 또는 큰 사고나 안 좋은 일을 가리키기도 하고요. 그래서 '큰일을 치르다'라고 하면 '큰 사고나 안 좋은 일을 겪다'라는 뜻으로 쓰인답니다.

96 풀이 죽다

'풀'은 무엇을 붙이거나 옷을 빳빳하게 만드는 데 쓰이는 끈적끈적한 물질을 말해요. 또 활발한 모습이나 기운이 찬 상태를 뜻하기도 해요. 그래서 '풀이 죽다'라고 하면 '풀기가 빠져서 빳빳하지 않다'거나 '활기나 기세가 꺾이다'라는 뜻으로 쓰여요.

97 한술 더 뜨다

원래 '한술'이라고 하면 '숟가락으로 한 번 뜬 음식'을 말해요. 적은 음식을 가리키지요. 그런데 '한술 더 뜨다'라고 하면, 전혀 다른 의미로 쓰여요. '이미 어느 정도 잘못되어 있는 일에 더 나아가 엉뚱한 짓을 하다'라는 의미로 쓰이거든요.

98 한숨 돌리다

'한숨'은 걱정이 있을 때 쉬는 숨, 긴장을 내려놓을 때 길게 내쉬는 숨을 말해요. 한숨에는 잠깐의 휴식이라는 뜻도 있어요. 그래서 '한숨 돌리다'라고 하면 '힘든 상황을 이겨 내고 여유를 갖다'라는 뜻으로 쓰인답니다.

잠시 뒤

99 허리띠를 졸라매다

'허리띠를 졸라매다'에는 여러 뜻이 있어요. '검소한 생활을 하다'라는 뜻이 있고, '마음먹은 일을 이루기 위해 단단한 각오로 일에 임하다'라는 뜻이 있지요. 그리고 '배고픔을 참다'라는 뜻도 있답니다.

100 혀끝을 차다

혀끝을 이나 잇몸에 가볍게 붙였다 떼면 '쯧쯧' 하는 소리가 나요. 이것을 가리켜 '혀끝을 차다' 또는 '혀를 차다'라고 표현해요. '마음이 좋지 않거나 안 되었다'라는 뜻을 나타낼 때 쓰는 말이랍니다.

문제를 읽고 알맞은 관용어를 써 보아요.

① 남에게 꼭 필요한 것을 잘 알아서 시원하게 만족시켜 주는 것을 뜻해요.

② 벼슬자리나 임원직과 같은 높은 자리에 오르는 것을 말해요.

③ 한꺼번에 큰 손해를 입히거나 어려움을 당하게 만든다는 뜻이에요.

④ 토끼처럼 집중해서 귀담아듣는 것을 표현해요.

⑤ 콜라 뚜껑을 열면 김이 빠지는 소리가 나는 것처럼 기운 빠지는 말을 할 경우를 뜻해요.

⑥ 매우 사랑스럽고 귀여워서 눈에 넣어도 될 정도라는 의미예요.

⑦ 멀리 떨어져 있어도 자꾸 떠오를 때 '눈에 어리다'라는 의미로 사용되어요.

⑧ 일이 잘되도록 둘 사이의 관계를 이어 주는 것을 일컬어요.

⑨ 모진 재앙을 맞거나 손해를 입게 되는 것을 가리켜요.

⑩ 달아나거나 도망치는 것을 가리키는 말이에요.

정답 1. 가려운 곳을 긁어 주다. 2. 감투를 쓰다. 3. 골탕을 먹이다. 4. 귀를 쫑긋 세우다. 5. 김빠지는 소리를 하다. 6. 눈에 넣어도 아프지 않다. 7. 눈에 밟히다. 8. 다리를 놓다. 9. 된서리를 맞다. 10. 뒤꽁무니를 빼다. 11. 머리칼이 곤두서다. 12. 바가지를 쓰다. 13. 발이 넓다. 14. 손발이 맞다. 15. 숨이 가쁘다. 16. 어깨를 견주다. 17. 얼굴이 두껍다. 18. 코를 납작하게 만들다. 19. 코웃음을 치다. 20. 한숨 돌리다.

⑪ 무섭거나 놀라서 신경이 날카롭게 긴장되는 것을 가리켜 말해요.

⑫ 물건값을 비싸게 지불하고 사서 손해를 본다는 의미예요.

⑬ 아는 사람이 많다거나 활동하는 범위가 넓다는 의미로 발과 관련해서 표현해요.

⑭ 일하는 사람과 마음이나 행동이 맞는 것을 일컬어요.

⑮ 어떤 일이 몹시 힘들거나 급한 상황을 가리켜요.

⑯ 서로 비슷한 지위나 힘을 가지다라는 뜻으로 사용되는 말이에요.

⑰ 부끄러움을 모르고 염치가 없음을 말해요.

⑱ 기를 죽이다라는 뜻으로 사용되는 말이에요. 코와 관련해서 표현해요.

⑲ 남을 깔보고 비웃다라는 뜻으로 쓰여요.

⑳ 힘든 상황을 이겨 내고 여유 있는 것을 한숨 돌리는 것으로 비유해서 표현해요.

읽기만 해도 **실력 쑥쑥**
재미 두 배 **코믹 만화**

알찬 관용어

초판 1쇄 발행 2022년 12월 1일

글 이현정
그림 토리아트(김민지)

펴낸이 문제천
펴낸곳 ㈜은하수미디어
기획·편집 김정화, 유다온
디자인 엉뚱한고양이
제작책임 이남수
주소 서울시 송파구 송이로32길 18, 405(문정동 4층)
대표전화 02-449-2701
팩스 02-404-8768
출판등록 제22-590호(2000. 7. 10.)
홈페이지 www.ieunhasoo.com

ISBN 978-89-6579-508-7
ISBN 978-89-6579-506-3(세트)

이 책은 저작권법에 따라 보호받는 저작물이므로 무단 전재와 무단 복제를 금지하며,
이 책의 내용을 일부 또는 전부를 재사용하려면 반드시 ㈜은하수미디어의 동의를 얻어야 합니다.

어린이제품안전특별법에 의한 제품 표시
제조자명 ㈜은하수미디어 | **제조국** 대한민국 | **제조년월** 2022년 12월 | **사용연령** 만 7세 이상 어린이 제품